SOUVENIRS DE FAMILLE

MÉMORIAL

DES

EAUX-BONNES

ET

DE PAU

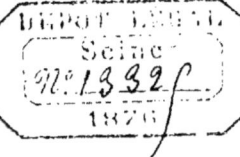

PARIS
IMPRIMERIE DE E. DONNAUD
9, RUE CASSETTE, 9

1877

HOMMAGE D'AFFECTION

A LA MÉMOIRE

DE

CAROLINE-AMBROISINE GAUDELET

NÉE A PARIS LE 10 JUILLET 1822

DÉCÉDÉE A PAU LE 19 OCTOBRE 1853

CAROLINE-AMBROISINE GAUDELET

LETTRES DES EAUX-BONNES.

Caroline-Ambroisine Gaudelet était fille unique d'Alexandre-Charles Gaudelet, entrepeneur de bâtiments, et d'Honorine-Charlotte Mérard.

Elle fut la compagne bien-aimée de ma jeunesse. Notre mariage fut célébré à Paris le 14 juillet 1840. Treize années passèrent sur cette heureuse union sans avoir affaibli notre affection mutuelle. Mais dans la treizième année les suites d'une rougeole dont elle avait été atteinte en 1851 nous donnèrent des craintes pour sa poitrine.

Le docteur Andral fut appelé en consultation vers la fin du mois de juin 1853 : il nous recommanda de la mener de suite aux Eaux-Bonnes.

C'était un voyage bien long et bien fatigant pour une malade aussi faible qu'elle était. Mais le désir de la guérison la soutenait.

Partis de Paris le 4 juillet 1853, nous arrivâmes aux Eaux-Bonnes le 8 juillet à huit heures du soir.

Voici la lettre qu'elle écrivit elle-même le 16 juillet à la sœur de son père :

« J'éprouve un vif plaisir à pouvoir te donner au-
» jourd'hui de mes nouvelles. Grâce à Dieu, ma santé
» s'améliore un peu. J'ai commencé seulement avant-

» hier (14 juillet) le traitement qui m'a été indiqué par
» le plus célèbre médecin de la localité, le docteur Dar-
» ralde. Voici en quoi consiste ce traitement :

» A neuf heures du matin, je prends un quart de
» verre d'Eaux-Bonnes mélangé avec un quart de tilleul
» et deux cuillerées de sirop de gomme : autant à
» quatre heures de l'après-midi.

» Demain dimanche je prendrai trois fois la même
» dose, ainsi que lundi et mardi. Puis j'attendrai la
» visite de mon médecin.

» Je t'assure qu'il me convient beaucoup; c'est un
» homme fort gai, très-aimable ; mais il a commencé
» par me dévisager à me faire rougir; à cela près, c'est
» un charmant garçon.

» Pour le régime à suivre, il me défend le laitage, les
» légumes, la pâtisserie, les fruits : côtelettes de mou-
» ton, poulets, biftecks, voilà ce qu'il me prescrit comme
» alimentation.

» Il m'interdit d'aller à la messe ; je dois me coucher
» tous les jours à 8 heures, et prendre en me mettant au
» lit une tasse de tilleul à laquelle on joint une cuillerée
» de fleur d'oranger.

» Voilà, ma chère tante, les renseignements que j'ai
» à te donner sur mon compte : du reste comment n'i-
» rais-je pas mieux ? Je suis entourée de si bons soins,
» mes moindres désirs sont prévenus ; tout le monde
» agit à un seul coup d'œil lancé par moi. Tu vois qu'à
» part la maladie, je puis me dire la plus heureuse des
» femmes.

» Mon bonheur est encore augmenté par la pensée
» que ma bonne Artémise (notre belle-sœur) va venir
» nous rejoindre avec sa fille Virginie et notre cher

» Amand (mon frère); il me tarde de lui voir prendre
» aussi ces eaux miraculeuses (elle avait en effet la poi-
» trine attaquée).

» Nous apercevons ici de bien tristes mines, et quelle
» foule de malades! On fait queue à la buvette pour
» avoir sa dose : à voir la quantité de monde réunie
» sous le vestibule, on se croirait dans la galerie d'Or-
» léans du Palais-Royal lorsqu'il pleut à verse.

» Dès qu'on a bu son coup, il faut se promener. Au-
» près de la buvette existe une terrasse où les buveurs
» se rendent, et là chacun exerce ses jambes selon ses
» forces; puis l'on rentre à l'hôtel où le déjeuner nous
» attend.

» Après déjeuner on part pour la promenade horizon-
» tale, ainsi appelée parce qu'elle est de niveau à la dis-
» tance d'une demi-lieue environ. Des bancs de bois à
» dossiers sont disposés de loin en loin pour le repos
» des pauvres essoufflés, et, comme je suis de ce nombre,
» je les aperçois toujours avec plaisir.

» Tu ne saurais te faire une idée du luxe qui règne
» ici en ce moment : les dames sont mises avec la plus
» grande richesse; on n'entend parler que de com-
» tesses, marquises ou baronnes : ces dames font sou-
» vent des promenades à cheval, et chaque jour nous
» voyons une vingtaine d'amazones partir à droite et
» à gauche pour les montagnes qui forment autour
» de notre localité comme un vaste amphithéâtre.

» Nous sommes souvent dans les brouillards; les
» nuages descendent jusqu'à terre, et arrivent à notre
» niveau.

» Le matin, lorsque le ciel est bleu, et que le soleil
» brille, rien n'est plus charmant que de voir, du haut

» de la promenade horizontale, les monts du côté de
» Laruns revêtus comme d'une écharpe blanche de
» nuées dont la magnifique ceinture produit autour de
» leurs sommets arides de délicieux effets d'ombre et
» de lumière.

» Je te parlerai en dernier lieu de notre logement; il
» est situé au troisième étage de l'hôtel Taverne, et se
» compose de deux chambres dont l'une sert pour ma
» mère et ma fille, et l'autre pour mon mari et moi; de
» la mienne, je puis contempler la montagne Verte qui
» est en face de mes fenêtres. »

Cette montagne était ainsi appelée, parce qu'elle était cultivée jusqu'aux trois quarts de sa hauteur, et parsemée d'arbres et de verdure.

Cette première lettre établit nettement la situation et le cadre du tableau que nous avions devant les yeux.

Une seconde lettre, datée du mardi 26 juillet 1853, contient les renseignements suivants :

« Notre chère Artémise est arrivée hier avec sa fille
» et son mari; elle est bien fatiguée. Nous leur avons
» loué deux chambres dans notre hôtel, au troisième sur
» le devant, et nous avons pour nous le local du
» deuxième étage qui est devenu vacant, et où nous
» sommes beaucoup mieux installés.

» Ma santé s'améliore de jour en jour. Je mange, ou
» plutôt je dévore les viandes qui me sont présentées.
» C'est une véritable métamorphose qui s'opère en
» moi. Je fais des promenades d'une lieue sans fatigue;
» Artémise ne se lasse pas de me regarder, cela va lui
» donner du courage. Dieu veuille que les eaux lui
» réussissent autant qu'à moi! elle est bien faible et
» bien souffrante.

» Pour moi, entrevoir la possibilité de retrouver la
» santé est un bonheur dont je ne puis te rendre l'effet.
» Aussi je suis souple comme un gant, et j'accomplis
» en tous points les ordres du docteur.

» Je bois à présent un demi-verre d'Eaux-Bonnes
» pure, mêlée avec du sirop de gomme bien entendu :
» pour la première fois à huit heures, un autre demi-
» verre à 9 heures, un autre à 4 heures de l'après-
» midi. A partir de vendredi prochain, j'en pren-
» drai la même quantité deux fois le matin, et deux
» fois dans l'après-midi, à 3 heures et à 4 heures;
» ce sera là mon maximum pour toute la saison.

» Voilà ma vie. Le soir, après dîner, nous nous met-
» tons le plus souvent à nos fenêtres, et nous passons
» en revue les belles dames et les cavalcades qui ren-
» trent. Le jardin Anglais, qui est la promenade pu-
» blique, est de l'autre côté de la rue, et nous offre des
» distractions continuelles.

» J'oubliais de te dire que ma belle-sœur a amené
» avec elle une sœur de l'ordre de Bon-Secours, la
» sœur Mélanie : c'était indispensable en raison de l'état
» de sa santé. »

Dans une troisième lettre, datée du 8 août 1853, notre chère convalescente écrivait :

« J'ai vu mon médecin hier soir; il est toujours très-
» content de moi. J'ai terminé la première saison ven-
» dredi, et commencerai la deuxième mercredi pro-
» chain. Je débuterai par trois quarts de verre par jour
» en trois fois, en augmentant jusqu'au septième jour;
» là j'arrive à mon dernier degré, les quatre demi-
» verres; je vais aussi prendre chaque matin un bain
» de pieds d'Eaux-Bonnes. C'est vraiment miraculeux

» de me voir : ces eaux me remettent complétement.
» Mon appétit ne se ralentit pas. Je dors comme une
» marmotte. Cette nuit, par exemple, je me suis en-
» dormie à 9 heures et réveillée à 7 heures du ma-
» tin sans avoir ni toussé ni craché. Je m'éveillai
» juste pour boire le lait d'ânesse que je prends pen-
» dant mes quatre jours de repos.

» Je marche vite et sans être essoufflée ; mais mon
» médecin est rigide pour les promenades ; il me dé-
» fend d'aller autre part que sur la promenade dite
» horizontale ; je me soumets à ses prescriptions, et
» je suis d'une docilité exemplaire. Notre hôtel com-
» mence à se dégarnir ; au lieu de soixante personnes
» à table, nous ne sommes plus guère que trente : la
» belle société s'en va.

» Il y a huit jours, mon mari et son frère ont fait
» l'ascension du pic du Gourzy à pied ; l'un avait son
» bâton noueux, et l'autre une canne à dard. Mais ils
» n'ont trouvé aucun ours qui soit venu leur disputer
» le passage ; ils ont seulement rencontré sur le premier
» plateau deux ânes rebelles qui se couchaient par
» terre, et refusaient de marcher malgré les coups de
» fouet.

» Arrivés au sommet du pic, ces messieurs se sont
» trouvés enveloppés de nuages, et n'ayant autour
» d'eux que des troncs d'arbres morts, les uns cou-
» chés, les autres debout, et qui faisaient l'effet de
» grands squelettes, ou gibets propres à y suspendre
» les voleurs. Ils restèrent sur le plateau pendant quelque
» temps, attendant une éclaircie. Mais les brouillards
» avaient plutôt l'air de se condenser, et ils furent obli-
» gés de redescendre, craignant de ne plus retrouver

» leur chemin. Ils avaient été assaillis en haut par une
» armée de taons qui ne leur laissaient ni trêve ni
» repos. Ils rentrèrent donc lardés comme des filets de
» bœuf, et trempés de sueur.

» Je termine en t'informant que l'état de ma belle-
» sœur ne s'améliore pas ; les eaux jusqu'à présent ne
» lui font aucun bien. Nous en sommes tous peinés. »

Comme on le voit par tous ces détails, l'amélioration de notre malade persistait, et tout semblait confirmer pour nous l'espoir qu'elle marchait vers une sérieuse guérison.

LA QUATRIÈME LETTRE

Projet d'installation à Pau.

La quatrième lettre est datée du dimanche 28 août 1853 ; voici les détails qu'elle renferme :

« Ma santé va toujours en progressant de mieux en
» mieux ; la toux et les crachements n'existent presque
» plus. L'appétit se conserve dans les mêmes propor-
» tions, de sorte que je commence à engraisser. Quel
» résultat inattendu, ma chère tante, et combien nous
» avons lieu de nous réjouir d'être venus aux eaux !
» D'après le conseil de mon médecin, ma mère et mon
» mari sont allés ces jours derniers à Pau, afin d'y re-
» tenir un appartement pour notre hiver ; ils en ont loué
» un assez confortable pour nous. Cet appartement se
» compose d'une antichambre, d'une salle à manger,
» d'un salon, d'une cuisine, et de trois chambres à cou-
» cher. Les parquets du salon et de la chambre qui m'est

» destinée sont recouverts de grands tapis. Cette dernière
» pièce a l'exposition du midi : cette condition était
» essentiellement recommandée. Une belle terrasse si-
» tuée devant ladite chambre me permettra de me pro-
» mener au soleil sans sortir dans la rue. Le tout est
» très-bien meublé. La bonne qui doit nous servir est
» retenue : c'est une fille du pays ; elle a déjà servi
» quatorze ans chez un avoué, et huit ans chez le phar-
» macien auquel nous étions recommandés, et qui nous
» la procure; elle paraît bien, a l'air très-doux ; ce n'est
» plus une jeune fille, elle est âgée de quarante-deux
» ans environ.

» Tu vois, chère tante, que nous sommes encore as-
» sez heureux dans notre malheur.

» Nous prendrons possession de notre logement de
» Pau vers le 20 septembre. M. Darralde veut me faire
» faire une troisième saison aux eaux; la deuxième
» finira demain. Pendant les trois dernières semaines,
» j'ai pris chaque matin un bain de pieds d'Eaux-
» Bonnes, et m'en suis bien trouvée. L'état de ma gorge
» est très-satisfaisant ; ma mère la regardait ce matin ;
» il n'y a plus la moindre irritation. Tout va donc
» pour le mieux, et nous ne doutons plus du succès.

» Pour notre chère Artémise, il n'en est malheureu-
» sement pas de même : la position ne change pas.
» Je ne te parlerai pas de nos excursions. Nous ne pou-
» vons aller que sur l'horizontale. Le docteur défend
» toutes les autres promenades. Pourtant je suis allée
» une fois à âne rendre une visite au curé d'Aas
» homme charmant qui était venu nous voir plusieurs
» fois ; il m'avait même envoyé un joli bouquet de son
» petit jardinet. Le village d'Aas est situé à un quart de

» lieue des Eaux-Bonnes. Mme Manescau, de Laruns, y
» vint avec nous. Nous nous sommes rencontrés chez
» le curé avec M. et Mme Amédée Thayer. La dame
» y vint en amazone ; c'est une jolie femme, très-gra-
» cieuse, et d'une distinction parfaite ; son mari, sé-
» nateur, paraît fort bon garçon, sans prétentions ; ils
» ont quitté les Eaux-Bonnes dimanche dernier.

» Le jour de l'Assomption, nous sommes allés en ca-
» lèche découverte voir la fête de Laruns chez Mme Ma-
» nescau ; la maison de cette dame donne sur la place ;
» nous pûmes ainsi assister aux rondes villageoises
» sans nous fatiguer ; à 4 heures nous étions de re-
» tour au logis.

» Mes quatre pages sont pleines, il faut te quitter. »

Une autre lettre du 1er septembre confirmait encore les heureux résultats ci-dessus énoncés.

DERNIÈRE LETTRE DU 10 SEPTEMBRE

La dernière lettre écrite de sa main est datée du 10 septembre 1853 ; voici ce qu'elle disait :

« Le mieux se soutient toujours, et j'espère laisser la
» toux aux eaux. Bon appétit, bon sommeil, bonnes
» jambes, plus de crachements, tout est pour le mieux.

» Notre chère Artémise est toujours dans la même
» position ; elle en est à son septième vésicatoire :
» point d'effet sensible.

» Le temps est bien changé depuis huit jours ; nous
» avons de la pluie et du froid. Les pics environnants
» se sont couverts de neige ; car dès le mois de sep-
» tembre l'eau gèle en tombant sur ces montagnes

» élevées. Aussi notre séjour ici ne sera plus de longue
» durée. Nous irons nous fixer définitivement à Pau la
» semaine prochaine; nous comptons partir jeudi 15
» septembre à midi.

» C'est avec bonheur que nous verrons arriver ce
» jour : nous commençons à nous lasser de notre table
» d'hôte, et notre pot-au-feu nous semblera délicieux,
» j'en suis persuadée.

» Notre table actuellement est réduite à douze cou-
» verts, c'est bien triste. Dans tous les hôtels, il en est
» de même, et la promenade horizontale nous paraît
» monotone et délaissée. Ces jours-ci, on ne voit que
» des calèches chargées de bagages, et emmenant bon
» nombre de personnes : c'est une vraie déroute.

» Avant de terminer ma lettre, je vais te donner
» notre nouvelle adresse :

» M. Thibault, chez M. Cavaré, propriétaire, rue
Latapie, à Pau (Basses-Pyrénées). »

Pauvre amie! Elle ne se doutait pas qu'un mal foudroyant allait tout à coup détruire ses plus douces espérances, et nous plonger tous dans le deuil et la désolation.

La nuit du 13 au 14 septembre.

La journée du 13 septembre s'était très-bien passée comme d'habitude; vers le soir, après dîner, notre amie était très-gaie; elle essaya même un moment de chanter, pour voir si elle retrouverait sa voix d'autrefois. Elle se coucha sans éprouver aucun malaise.

Vers dix heures, elle se réveilla en proie à de violentes coliques; c'étaient les premières atteintes d'un mal affreux, la dyssenterie, qui venait de se déclarer chez elle. Au bout d'une heure, le doute n'était plus possible.

Je réveillai immédiatement sa mère, et je courus chercher le docteur Darralde dans une agitation inexprimable. Cette gorge encaissée des Eaux-Bonnes, au milieu du silence solennel de la nuit, tandis que mes pas retentissaient solitaires dans ses rues désertes, me faisait déjà l'effet lugubre d'un tombeau d'où ma pauvre femme ne pourrait plus sortir.

Le docteur Darralde n'était pas à son domicile. Je revins désespéré pour annoncer cette nouvelle. Mon frère, qui avait été réveillé également, s'offrit aussitôt pour aller chercher un autre médecin, car les moments étaient précieux. Il en ramena un vers minuit; dix minutes après le docteur Darralde arrivait à son tour. La situation était très-grave, et les médecins malheureusement ne pouvaient y apporter que des palliatifs. La dyssenterie continua toute la nuit; au point du jour, la malade était épuisée et tomba dans un assoupissement causé par la faiblesse.

Cette prostration complète, troublée seulement par des intermittences de douleurs intestinales très-intenses, dura pendant deux jours et deux nuits. Nous étions tous atterrés.

Les spasmes convulsifs.

La situation se prolongea à peu près pareille pendant la journée du vendredi 16 septembre; cependant les douleurs paraissaient plus vives.

Vers dix heures du soir, des symptômes encore plus

alarmants apparurent : les douleurs produisirent un spasme convulsif, qui nous causa une épouvante facile à concevoir. Mon frère se détacha aussitôt pour courir chez le docteur Darralde, qui revint avec lui. Il resta auprès de la malade jusqu'à minuit, et ne se retira qu'après que la crise spasmodique fut visiblement terminée. Il promit de revenir le lendemain matin à neuf heures. Le reste de la nuit se passa dans une somnolence fébrile.

Le samedi 17 septembre, vers les neuf heures du matin, les spasmes si redoutés se reproduisirent ; bientôt même ils acquirent un degré d'intensité extraordinaire : les yeux devenaient hagards, la face livide et terreuse ; c'était effrayant à voir ; on aurait cru qu'elle touchait à son dernier moment. Le docteur Darralde était arrivé presque au commencement de la crise ; sa figure exprimait la consternation. Il resta jusqu'à 11 heures, faisant tout ce qu'il était possible de faire pour soulager la malade.

Lorsqu'il sortit, ma belle-mère l'ayant suivi se jeta dans ses bras en sanglotant :

« Ah ! monsieur, lui dit-elle, sauvez ma fille, sauvez mon enfant. »

Le docteur se retira vivement impressionné de cette douleur ; il fondait lui-même en larmes.

Nous le vîmes de nouveau à 3 heures de l'après-midi ; il amenait avec lui M. le curé d'Aas.

La vue de M. le curé d'Aas me causa une certaine impression d'effroi ; je craignais que cette impression ne fût partagée par la malade, et dans l'état de faiblesse où elle était, tout pour elle me portait ombrage.

Mais M. le curé fut vis-à-vis d'elle aimable, bon et affectueux ; il ne lui dit que des paroles consolantes, et se retira en lui faisant cette promesse : « Je reviendrai dans quelques jours prendre des nouvelles de votre santé. »

Elle parlait peu, tant elle était brisée ! et ne m'exprima aucun sentiment personnel à l'occasion de la visite de monsieur le curé. Le dimanche 18, les spasmes ne se représentèrent plus ; malheureusement le docteur Darralde, lors de sa visite, ne tarda pas à reconnaître les symptômes apparents de la fièvre typhoïde : triste découverte qui augmenta nos craintes, et nous enlevait en quelque sorte toute ombre d'espoir.

Lundi 19 et mardi 20, somnolence entremêlée d'un léger délire.

Vers trois heures de l'après-midi, M. le curé d'Aas revint ; il chercha à fortifier son courage, et lui dit : « Je vais aller prier pour vous. » J'étais présent à l'entrevue ; rien de particulier ne fut énoncé de part et d'autre.

Nous ne perdions pas notre malade des yeux et je surveillais ses moindres mouvements.

Départ de ma belle-sœur.

Ma belle-sœur dont la santé ne s'était pas rétablie, et qui était encore bien souffrante, ne pouvait rester plus longtemps aux Eaux-Bonnes : son départ avait été fixé au mardi 21 septembre ; elle devait partir avec son père qui était venu la rejoindre pour l'emmener, et sa fille Virginie. Quant à mon frère, ne voulant pas nous laisser seuls encore dans la position terrible où il nous savait placés, il s'était déterminé à rester quelques jours de plus ; sa femme devait l'attendre à Bordeaux chez une de ses parentes. Ma belle-sœur vint faire ses adieux à ma femme, le mardi vers 5 heures ; l'entrevue fut déchirante ; ni l'une ni l'autre n'espérait plus se revoir en ce monde. Ma belle-sœur eut toutes les peines à contenir ses larmes ; quand elle fut rentrée dans son appartement, elle tomba dans une attaque de nerfs, tant elle avait été péniblement impressionnée !

Ils partirent le lendemain matin, nous laissant la sœur de Bon-Secours qu'ils avaient amenée, et qui nous fut d'une grande utilité pour notre malade.

La nuit du 21 au 22 septembre.

Tel était l'état des choses, lorsque dans la nuit du 21 au 22 septembre se produisit un événement qui, par son caractère de spontanéité inattendue, ne peut être interprété que comme un effet miraculeux de la grâce divine.

J'avais veillé auprès notre chère malade jusqu'à une heure du matin environ : la sœur Mélanie m'avait remplacé auprès d'elle, et je m'étais couché tout habillé sur un matelas à l'extrémité de son lit.

Vers deux heures elle appela la sœur, saisit tout à coup le crucifix qui pendait à sa ceinture, et l'embrassa avec une sorte d'ardeur fiévreuse. Surprise de ce mouvement, la sœur lui dit : « Que désirez-vous ? » Elle lui répondit aussitôt : « Réveillez ma mère ; je veux me confesser. »

Réveillé de suite moi-même, je fus en un instant auprès de son lit : « Qu'as-tu donc, lui dis-je ? — Mon ami, la

Mort m'est apparue ; elle m'a dit : « Hérétique (1), je
« vais m'emparer de toi !.. »

Ses yeux brillaient d'un éclat inaccoutumé. Je cherchai à la calmer ; mais elle ajouta : « J'ai prié la sœur de réveiller ma mère, parce que je désire me confesser. — Si tel est ton désir, lui répondis-je, on va envoyer de suite chercher M. le curé d'Aas. »

La maîtresse d'hôtel fut réveillée à son tour, et elle envoya un exprès au village d'Aas pour porter sa demande. Elle monta ensuite avec une de ses bonnes auprès de nous.

Un silence solennel régnait dans la chambre ; on sentait qu'un acte important allait s'accomplir. Au bout d'une heure, M. le curé arriva, portant le saint viatique.

Nous nous retirâmes dans une autre pièce pour le moment de la confession ; et selon ses propres expressions, elle se confessa avec autant de componction que si elle eût parlé à Jésus-Christ lui-même.

Le saint viatique lui fut bientôt administré ; nous étions tous agenouillés dans la chambre ou auprès de son lit ; elle le reçut avec une ferveur qui fit l'édification générale ; elle tenait le crucifix étroitement serré dans ses mains et ne cessait de le porter à sa bouche. Ce fut une scène des plus imposantes ; la douleur se taisait devant l'admiration.

Quand tout fut fini, elle nous retint auprès d'elle, sa mère et moi ; elle nous prenait les mains, et nous les baisait : « Que je vous aime ! répétait-elle ; oh ! combien je vous aime ! que je suis heureuse de vous avoir

---

(1) J'ai cru devoir conserver ce mot, tel qu'elle l'a prononcé, bien qu'il ne lui fût pas applicable dans son sens précis.

ainsi auprès de moi ! » Et jamais son sourire n'avait été plus doux, ni ses yeux plus caressants.

Aussi on peut lui appliquer ces admirables paroles écrites par Bossuet pour Henriette d'Angleterre :

« La grâce, cette excellente ouvrière, se plaît quel-
» quefois à renfermer en un jour la perfection d'une
» longue vie. Il semble que Dieu lui ait conservé le
» jugement libre pendant sa maladie, afin de faire
» durer les témoignages de sa foi. Elle a aimé en
» mourant le Sauveur Jésus ; les bras lui ont manqué
» plutôt que l'ardeur d'embrasser la croix. J'ai vu sa
» main défaillante chercher encore en tombant de
» nouvelles forces pour appliquer sur ses lèvres ce bien-
» heureux signe de notre rédemption : n'est-ce pas
» mourir entre les bras et dans le baiser du Seigneur ?
» Ce Jésus en qui elle a espéré, dont elle a porté la
» croix en son corps par des douleurs si cruelles, lui a
» donné son sang dont elle a été toute teinte, toute
» pénétrée, par la participation à ses sacrements et par
» la communion avec ses souffrances. Ce peu de jours
» saintement passés parmi les plus rudes épreuves
» et dans les sentiments les plus purs du Christia-
» nisme tiennent lieu tout seuls d'un âge accompli. »

A partir de ce moment, sa résignation fut sublime ; elle était notre consolatrice dans l'affliction qui nous accablait à la vue de ses souffrances ; elle nous souriait avec l'amabilité de ses meilleurs jours ; ses yeux expressifs semblaient prendre plaisir à nous prodiguer les plus suaves rayons de leurs dernières tendresses.

Départ de mon frère.

Journée du dimanche 25 septembre.

Le lendemain vendredi 23 septembre, mon frère nous quitta; il ne pouvait rester plus longtemps, étant obligé de retourner auprès de sa femme malade elle-même, et qui devait l'attendre à Bordeaux.

Ce départ ne fit que redoubler le sentiment de notre solitude : l'hôtel allait être bientôt totalement abandonné, et nous restions là, nous, en proie aux chagrins et à la douleur.

Le samedi M. le curé d'Aas étant venu voir notre malade pour prendre de ses nouvelles, elle lui manifesta le désir de recevoir de ses mains l'extrême-onction.

La cérémonie en fut fixée au dimanche 25 septembre ; elle se fit avec toute la solennité possible. M. le curé lui adressa une allocution.

Et ici j'emprunte encore ces belles paroles de Bossuet qui lui étaient si bien applicables : « Rien n'a ja-
» mais égalé la fermeté de son âme dans ces tristes
» circonstances, ni ce courage paisible, qui, sans faire
» effort pour s'élever, s'est trouvé par sa naturelle si-
» tuation au-dessus des accidents les plus redoutables.
» Elle fut douce envers la mort ; son cœur ne s'aigrit
» ni ne s'emporta contre elle. Elle ne la brava pas non
» plus avec fierté, contente de l'envisager sans émo-
» tion et de la recevoir sans trouble.

» Et pourtant combien la maladie a été terrible !
» C'est ramasser toutes ses forces, c'est unir tout ce
» qu'elle a de plus redoutable que de joindre, comme

» elle l'a fait, aux plus vives douleurs l'attaque la plus
» imprévue. Mais la grâce, plus active encore que la
» mort, l'avait mise en défense. On ne vit en elle ni
» cette ostentation par laquelle on veut tromper les
» autres, ni ces émotions d'une âme alarmée par la-
» quelle on se trompe soi-même. Tout était simple, tout
» était précis, tout était tranquille, tout partait d'une
» âme soumise et d'une source sanctifiée par le Saint-
» Esprit. »

Après la cérémonie, elle me fit la recommandation de remettre à M. le curé d'Aas deux cents francs pour les pauvres de sa commune; puis elle appela sa fille Caroline-Amanda; mais elle n'eut pas la force de lui faire ses adieux, et la laissa repartir, contente seulement de son dernier regard.

Les Psaumes de la Pénitence.

Cependant les jours et les nuits se succédaient sans amener aucun changement appréciable dans sa situation; elle restait comme suspendue entre la vie et la mort; mais sa ferveur surnaturelle se maintenait toujours; elle me faisait réciter au pied de son lit les prières du matin et du soir, et quelquefois les psaumes de la Pénitence; au milieu de cette lecture, souvent elle me disait : « Oh! mon ami! que cela est beau! »

Quelle beauté funèbre en effet dans ces versets qui semblaient si bien adaptés à sa douloureuse position!

« Mon cœur a été bouleversé, ma force m'abandonne,
» et la lumière de mes yeux va se retirer de moi.

» Mes jours se sont dissipés comme une fumée lé-
» gère, et mes ossements se sont desséchés comme une
» herbe fanée.

» Ma peau s'est collée à mes os sous l'action du
» mal qui me consume ; je sens dans mes flancs une
» ardeur qui me brûle, il n'est plus aucune partie saine
» dans ma chair.

» Mes jours ont décliné comme l'ombre, et moi, pa-
» reille au foin atteint par le soleil, je me suis dessé-
» chée de langueur.

» Ayez pitié de moi, Seigneur, parce que je suis
» faible; guérissez-moi, car le mal a pénétré jusqu'à la
» moelle de mes os. »

Hélas! le mois d'octobre était arrivé, et ce mal terrible subsistait dans son intensité.

Je vis un jour descendre de toutes les pentes des montagnes environnantes des masses énormes de troupeaux qui rentraient dans les vallées pour la saison d'hiver; c'était le signal de la retraite générale. Les Eaux-Bonnes allaient devenir un désert; tout le monde partait : pharmaciens, médecins, tous étaient sur le point de retourner à Pau : dans cette extrémité, que faire et que résoudre ?

Notre départ des Eaux-Bonnes.

Journée du 5 octobre.

Le docteur Darralde prit une résolution héroïque, mais bien hasardeuse ; il se détermina à transférer la malade à Pau, et nous offrit à cet effet sa propre voiture, une bonne berline, attelée de quatre chevaux ; il y fit installer un lit. Ma belle-mère, ma fille et moi, nous devions suivre la berline dans une calèche de louage.

Le départ fut arrêté pour le mercredi 5 octobre.

Ce jour étant arrivé, et les voitures stationnant devant la porte de l'hôtel, le docteur prit la malade dans ses bras, et la transporta lui-même jusqu'à la voiture. Elle était si faible que nous étions obligés, sa mère et moi, de lui soutenir la tête. Tous les gens de l'hôtel assistaient au départ : c'était un tableau navrant.

Dès qu'elle fut installée dans le lit, le docteur Darralde prit place à côté d'elle, la sœur Mélanie se tenait en face au pied du lit. Nous montâmes dans notre calèche.

Quel voyage, mon Dieu, et que de perplexités ! Nous ne savions pas si elle arriverait à Pau encore vivante. Chaque fois que la berline s'arrêtait un instant, je descendais pour m'informer de la malade. La force de son caractère la soutenait, elle ne se plaignait pas.

On compte onze lieues des Eaux-Bonnes à Pau :

Le trajet se fit en trois heures. Les chevaux marchaient vite.

Enfin on arriva dans la ville, puis à la maison Cavaré; elle vivait encore. Nous nous crûmes sauvés.

Le docteur la prit de nouveau dans ses bras pour la porter au lit qui lui avait été préparé, et ce fut ainsi qu'elle prit possession de sa dernière résidence.

Après lui avoir donné ce suprême témoignage d'un dévouement affectueux, le docteur Darralde nous annonça qu'à son grand regret il était obligé de se séparer de nous, étant appelé dans une autre ville. Il fit venir le médecin en chef de l'hôpital de Pau, et confia la malade à ses bons soins. Ce changement nous contraria un peu; mais la malade était résignée à tout, elle l'accepta sans aucune émotion visible.

Les dernières journées.

Au bout de deux ou trois jours, la situation se prolongeant sans aucune aggravation sensible, nous eûmes encore un rayon d'espoir. Mais le nouveau médecin, homme doux et convenable, ne nous encourageait pas dans ces fugitives espérances. Bientôt en effet la tête se prit, et le ventre commençait à se ballonner ; la malade était plus sujette au délire.

Il me souvient qu'un soir, dans un moment de ce délire léger en apparence, mais cependant réel, elle répéta, sans le savoir, la prière de *Notre Père*. Sa voix, qui s'ignorait elle-même, avait une expression ineffable de candeur angélique, on aurait dit un un écho divin qui sortait d'un autre monde.

Ainsi elle se maintint dans les sentiments d'une piété fervente jusqu'à ce moment où la mort éteignit en elle ce reste de courage céleste par lequel elle l'avait, pour ainsi dire, surmontée.

Telle est, selon l'expression de Bossuet, telle est la grande vanité des choses humaines.

La nuit du 18 au 19 octobre.

Dans la journée du 18 octobre le ballonnement du ventre avait pris des proportions effrayantes. Tout annonçait l'imminence d'une catastrophe. Je passai auprès d'elle la dernière nuit, la nuit du 18 au 19 octobre ; la sœur Mélanie veillait avec moi.

L'agonie commença vers les 10 heures.

J'essuyais avec un mouchoir la sueur de la mort qui mouillait son front ; elle semblait encore me reconnaître et me sourire.

Vers les deux heures du matin, nous nous mîmes à genoux, la sœur et moi, pour réciter les prières des agonisants.

L'agonie se prolongea jusqu'au jour.

A sept heures du matin, elle rendit le dernier soupir, et la sœur Mélanie lui fermait les yeux.

Mon courage était épuisé ; je ne me sentis pas la force d'accomplir moi-même ce dernier devoir.

Je perdais en elle la plus tendre des femmes, une incomparable amie d'un dévouement à toute épreuve, et ce charme inexprimable qui rayonne de l'objet du premier amour de notre cœur.

Le retour.

Le calice des amertumes n'était pas épuisé pour moi ; je fis procéder à l'embaumement du corps, afin de pouvoir le ramener à Paris.

Quel triste et douloureux retour !

J'avais commandé une voiture mortuaire pour le cercueil qui contenait ses restes, et pour nous une autre voiture destinée à la suivre.

On compte 50 lieues de Pau à Bordeaux, nous mîmes trois jours pour effectuer ce trajet.

A Bordeaux le cercueil fut transféré dans un wagon spécial où la sœur Mélanie prit place pour l'accompagner.

Ma belle-mère, ma fille et moi, nous étions dans un autre wagon.

Ainsi s'opéra la rentrée à Paris.

Les funérailles furent célébrées le 26 octobre 1853.

Le 11 juillet 1854, ma belle-sœur (Béatrix-Artémise-Virginie Taveau) succombait à la maladie de poitrine dont elle était atteinte.

Le 9 août 1854, je perdais ma mère, née Angélique-Julie Chalot : en moins d'un an les trois dames Thibault avaient disparu.

APPENDICE

Ma mère Angélique-Julie Chalot était fille unique de Jean-Baptiste Chalot et d'Angélique-Julie Bourgeois; leurs parents de l'un et de l'autre côté exerçaient la profession de marchands de dentelles.

Mon père l'avait épousée le 2 mai 1810.

Il avait quitté Mareil vers la fin de 1803, pour se fixer définitivement au Mesnil-Aubry, où il prit à bail, en 1815, la ferme de son oncle maternel Pierre-Alexandre-Victor Billouard.

Ma grand'mère, Angélique-Julie Bourgeois, avait perdu son mari après dix-huit mois de mariage ; quelques années plus tard, elle était atteinte de cécité, et resta aveugle pendant 33 ans.

Dans les six dernières années de son existence, l'un de ses yeux, ayant recouvré tout à coup le rayon visuel, lui permit de voir suffisamment pour se conduire : elle mourut en 1829.

Alexandre THIBAULT.

ÉPILOGUE

« C'est parmi les douleurs que s'accomplit le grand mystère du christianisme, c'est-à-dire le crucifiement intérieur de l'homme.

» C'est là que se développe toute la vertu de la grâce, et que se fait son opération la plus intime.... Dieu frappe sur deux personnes saintement unies; il leur fait un grand bien à toutes deux : il met l'une dans la gloire, et de sa perte il fait un remède à celle qui reste au monde. »

FÉNELON.

La vérité de ces paroles m'a été démontrée par ma propre expérience ; les douloureuses épreuves dont le récit précède m'ont en effet ramené à la pratique des devoirs religieux, que j'avais délaissée vers l'âge de 18 ans (1).

Je crois devoir transcrire ici deux lettres qui se rattachent à cette crise morale de mon existence et qui m'ont été adressées à cette époque par M. Charles Magnin, membre de l'Institut (Académie des inscriptions et belles-lettres). La première de ces deux lettres a été insérée en entier dans une notice sur la vie et les travaux de M. Magnin par M. H. Wallon, secrétaire perpétuel de cette académie.

Voici le texte de cette lettre qui avait été publiée

---

(1) Ce retour s'accomplit à l'insu de tous, le 17 juin 1855, devant e maître-autel de la cathédrale de Reims, dans ces lieux où l'évêque saint Remi avait dit autrefois au roi Clovis : « Baisse la tête, fier Sicambre : adore ce que tu as brûlé, et brûle ce que tu as adoré. »

avec mon autorisation, bien que mon nom n'ait pas été indiqué dans la notice :

« Vous désirez, Monsieur, savoir par quelle suite de déductions logiques j'ai été conduit à passer d'une respectueuse admiration pour la beauté morale du christianisme à une ferme croyance en ses dogmes. Une réponse complète à cette question exigerait des explications trop étendues. Je me bornerai en ce moment à vous indiquer le simple tracé de la route que j'ai suivie. Je n'espère pas, je vous l'avoue, que les pensées qui ont amené ma conviction produisent sur votre esprit le même effet que sur le mien. A plusieurs reprises, elles s'étaient présentées à moi, et n'avaient laissé après elles qu'une trace superficielle et fugitive. Je crois même qu'une tout autre route aurait pu me conduire au même résultat. La soumission en ces matières dépend beaucoup moins, vous le savez, de la force des arguments que d'une certaine disposition intérieure qu'il ne nous appartient pas de nous donner, mais dont nous devons nous empresser de profiter quand nous la ressentons. Si donc les motifs qui m'ont décidé ne vous persuadent pas aujourd'hui, il est possible qu'ils fassent ultérieurement sur vous une impression plus efficace. Peut-être aussi vous mettront-ils sur la voie d'autres pensées qui, nées de vos propres réflexions, auront bien plus de chances de vous convaincre; car nous croyons surtout aux idées produites par le mouvement naturel de notre esprit, ou que nous nous sommes appropriées par une intime méditation.

» Avant de commencer avec vous cette sorte de course psychologique, je crois d'abord utile de fixer exactement le point de départ. Mon éducation a été chrétienne. Ce n'est qu'après mon entrée dans le monde que je fus atteint de la maladie du siècle, de la contagion du rationalisme. Cependant je m'arrêtai sur cette pente ; je demeurai toujours déiste et spiritualiste. J'eus beau entendre autour de moi les derniers encyclopédistes et les nouveaux adeptes de la *raison pure* affirmer que Dieu n'existe pas ou (ce qui n'est que la même proposition sous une autre formule) que Dieu et le monde et, subsidiairement, l'âme et le corps sont identiques ; je persistai à trouver cette monstrueuse confusion beaucoup plus difficile à admettre et même à concevoir que la vulgaire croyance en l'action créatrice et providentielle d'une *cause* première et toute-puissante, « véritable lumière qui éclaire tout homme venant au monde ». Je note ces points résistants et demeurés debout au milieu des ruines de mes anciennes croyances, parce que ce sont les premiers degrés qui m'ont servi à remonter d'où j'étais descendu.

» Cependant jusqu'à ces dernières années je n'avais donné aux questions religieuses qu'une attention très-partagée. Ce n'est que dans l'automne de 1853 que retenu, seul et souffrant, loin de Paris, je me promis de ne point quitter ce monde, si je pouvais, sans avoir résolu, dans la mesure de mes forces, le plus important de tous les problèmes qui puisse préoccuper un être raisonnable, le problème de la vérité religieuse.

» Je cherchai d'abord en toute conscience si, en dehors du christianisme, je pourrais trouver en repassant mes souvenirs, une philosophie ou une religion, à laquelle il me fût permis d'adhérer sans restriction ni réserve. Je me demandai si je pouvais, par exemple, adopter pour symbole définitif et pour règle intellectuelle et morale, un des grands systèmes philosophiques de l'antiquité, l'épicuréisme, le pyrrhonisme, le stoïcisme ? Évidemment non. Ma raison trouvait-elle plus d'éléments de certitude dans une des religions du monde antique ou oriental, dans le brahmanisme, dans le bouddhisme, dans le druidisme, dans l'hellénisme ? Toutes ces religions ont pour base le panthéisme que repoussent, comme je l'ai dit, mes plus intimes convictions. Le judaïsme seul m'offrait le déisme élevé à la hauteur d'un dogme ; mais l'ensemble de la loi juive, avec ses prescriptions exclusives et locales, me semblait plutôt le rituel provisoire d'un petit peuple que la religion destinée à la direction suprême du genre humain. Je ne négligeai pas non plus l'examen des systèmes plus laborieusement construits et prétendus plus profonds des métaphysiciens modernes ; mais qu'ai-je découvert au fond de leurs arcanes ? Que nous enseignent les philosophies qui tour à tour ont régné en Allemagne, le spinosisme, le kantisme, l'hégelianisme ? Toujours et uniquement l'identité de Dieu et du monde, c'est-à-dire le panthéisme et ses infinies variétés, depuis l'idéalisme transcendental de Fichte, jusqu'à l'hypernaturalisme de Schelling ; seul notre vieux cartésianisme me donnait entière satisfaction sur les deux grands principes placés dans mon intérieur au-dessus de toute controverse, Dieu et l'âme ; mais il ne me conduisait guère au-delà. Ainsi après ces longs circuits, je me trouvais revenu à mon point de départ, en face du pur déisme, dont j'appréciais, sans doute, la sublimité spéculative, mais dont je n'ignorais pas non plus toute l'insuffisance pratique ; noble croyance, en effet, assez forte peut-être dans les temps calmes, mais impuissante contre la tourmente des passions violentes et contre l'assaut des grandes douleurs. Étais-je, hélas! condamné à m'en tenir à cette ombre de religion, qu'on appelle la *religion naturelle*, bien qu'en réalité, elle laisse sans satisfaction les plus profonds besoins de la nature humaine? Devais-je, en désespoir de cause, accepter pour la plus haute et la plus complète expression de la vérité religieuse l'indécise et inconséquente *profession de foi du vicaire savoyard*, c'est-à-dire le christianisme moins ses éléments divins, moins les sacrements, moins le culte, en un mot, le christianisme sans ce qui commande et oblige, sans ce qui relève et console? J'avais parcouru dans toutes ses parties le champ des investigations; le temps était venu de conclure, et je n'avais à choisir qu'entre le christianisme amoindri et mutilé de Jean-Jacques Rousseau, et le christianisme complet, le christianisme de saint Paul, de saint Augustin et de Bossuet. Mon choix n'aurait pas été un moment douteux, n'eût été cette terrible pierre d'achoppement, la grande, l'éternelle objection des mystères.

» Je demeurai quelque temps dans une pénible perplexité. Enfin je me décidai à affronter résolûment cette formidable question. Peut-être, après tout, n'était-ce qu'un épouvantail qui s'évanouirait à la clarté d'un examen attentif. Et d'abord est-il bien sûr que notre superbe raison ne se courbe devant aucun mystère? Je crois fermement en Dieu, et cependant la toute-puissance et la toute-bonté divine n'ouvrent-elles pas des abîmes où ne peut pénétrer notre intelligence? Comment concilier l'omnipotence et l'omnisagesse du Créateur avec les maux répandus à profusion dans ses œuvres?

Que le mal moral soit une inévitable conséquence de la liberté humaine, je le conçois ; mais il y a des maux qui ne viennent pas de cette source. Puis-je attribuer à l'homme les tremblements de terre, les inondations, la ciguë, la hyène, la vipère ? Ce sont là, quoi qu'en dise Leibnitz, d'étranges présents que nous a faits la toute-puissance divine. Et, cependant, je n'hésite pas à tenir pour deux vérités également certaines, quoique incompatibles, l'existence du mal et la suprême bonté de Dieu. Ainsi sans craindre de blesser le sens commun, j'admets deux notions qui s'excluent, tranchons le mot, je crois l'impossible. Dans un autre ordre de faits, j'admets mathématiquement, avec les géomètres, que la moindre partie de l'étendue est divisible à l'infini, et physiquement je suis obligé de reconnaître, avec les chimistes, l'indivisibilité des atomes. La notion de l'infini, de l'éternité, de l'espace, en un mot toutes les idées nécessaires s'imposent d'elles-mêmes à notre entendement, quoiqu'elles échappent à toute démonstration scientifique. Si nous tournons les yeux sur nous-mêmes, il n'y a pas une de nos fonctions organiques (la génération, la nutrition, la vision, la vie et la mort même) qui ne soit pour nous un impénétrable mystère. Il serait impossible de croire *à priori* que quelques poignées de grains jetés sur un champ doivent se changer en moisson, ou que cet insecte qui rampe sur une feuille va se filer un tombeau, d'où il sortira non plus chenille mais papillon. On fera remarquer, je le sais, que, si dans l'ordre des faits naturels les causes se dérobent à notre intelligence, les phénomènes du moins sont patents, sensibles, palpables : je touche le grain et l'épi ; je vois l'insecte ourdir sa soyeuse enveloppe et en sortir métamorphosé. Je puis même, en creusant un peu la terre ou en ouvrant la chrysalide, suivre pas à pas la marche de ses merveilleuses transformations. Il n'en est pas de même des mystères chrétiens. La trinité, l'incarnation, la transsubstantiation sont inaccessibles à la fois à notre intelligence et à nos sens. Ils ne s'imposent pas non plus à notre entendement comme les premiers principes des métaphysiciens et des géomètres. L'homme ne connaît les mystères religieux que par l'enseignement de l'Église. Et de quelles preuves celle-ci appuie-t-elle ses assertions? d'une seule, mais de la plus importante de toutes, de la parole même de Dieu. Cependant, cette parole irréfragable, la *révélation*, comme on l'appelle, c'est-à-dire Dieu parlant aux hommes autrement que dans leur conscience, est un fait de l'ordre surnaturel, une vérité de foi, un mystère, en un mot, qui ne diffère des autres mystères que par son importance logique; car une fois admis il entraîne la soumission à tout ce que l'Église enseigne. Aussi la vérité de la révélation est-elle le point capital, la clef de voûte du christianisme, la question suprême et décisive sur laquelle il importe de concentrer toutes les forces de notre attention. Voyons donc si, en dehors de la foi, nous pouvons trouver pour croire à la révélation des motifs plausibles et rationnels.

» Ce qui permet aux esprits les plus fermes, disions-nous tout à l'heure, de s'incliner sans répugnance devant les mystères de l'ordre naturel, c'est que ceux-ci, bien qu'incompréhensibles dans leurs causes, sont visibles et tangibles dans leurs effets. Eh bien, il en est, si je ne me trompe, précisément ainsi du mystère de la révélation. Bien loin de manquer d'une base solide et réelle, ce mystère repose sur deux grands faits, sensibles, éclatants, reconnus de tous, sur deux faits qui occupent une place immense dans l'histoire des hommes et dans celle des idées. Un certain jour, la lumière de l'Évangile s'est levée sur le monde ; elle a fait pâlir aussitôt toute autre lumière, et elle n'a été à son tour surpassée par aucune autre. Ceux qui nient la divinité du christianisme sont expressément tenus d'expliquer par des causes humaines cette supériorité de la doctrine évangélique sur tout ce qui l'a précédée ou tout ce qui l'a suivie. Ce n'est pas tout ; il faut encore qu'ils rendent humainement raison d'un second phénomène pareillement sans analogue dans les annales du monde, à savoir l'établissement et la perpétuité du gouvernement de l'Église, pouvoir tout immatériel, qui, sans posséder aucune des conditions de force et de durée, a surmonté pourtant les innombrables obstacles qu'il a rencontrés soit dans son sein soit au dehors. Que si la marche ordinaire des choses humaines ne suffit pas pour expliquer cette double merveille, nous serons autorisés à voir dans ces deux grands faits une manifestation directe de la suprême sagesse, et à proclamer l'Évangile divin et l'autorité de l'Église sainte et surhumaine ; nous pourrons en un mot croire le mystère de la révélation, sans que notre raison ait à réclamer.

» Vous donc qui refusez d'admettre la divinité de l'Évangile, avez-vous à nous fournir une explication naturelle de la merveilleuse apparition, dans un coin de l'Empire romain, de cette doctrine inattendue, inouïe, sans précédents, sans préparation, qui est venue tout à coup changer les bases de la famille et des institutions ? Il y a deux choses également admirables dans l'Évangile, les préceptes et le précepteur, la vie de Jésus et ses paroles. Chicanez tant que vous voudrez, contestez les textes, supposez des fraudes, des interpolations, des omissions ; soutenez même, avec Strauss, que les récits des évangélistes ne sont qu'un tissu de légendes, d'allégories, de mythes; vous conviendrez toujours que les allégories, les légendes, les mythes ne naissent point du néant. D'où ceux-ci sont-ils venus? De l'imagination populaire, dites-vous; mais le peuple ne met dans ses créations que les idées et les sentiments qui lui sont habituels; les héros de ses légendes, il les crée à son image. Or reconnaissons-nous le moindre trait du caractère hébreu, si dur, si inexorable, dans la charitable parabole du Samaritain et dans le miséricordieux récit de la femme adultère? Peut-on raisonnablement supposer que des imaginations juives se soient complues à inventer le mythe étrange de leur Messie, fils de David, né dans une étable et mort sur une croix, tout exprès apparemment pour blesser la plus chère et la plus indestructible espérance de la nation juive? Non, il est sans exemple que les légendes populaires prennent le contre-pied des opinions du peuple où elles naissent.

— Vous direz, peut-être, comme une autre école l'a avancé, que la doctrine de Jésus-Christ est l'œuvre collective et successive d'une secte de réformateurs anonymes, qui ont abrité derrière un nom fictif les périlleuses nouveautés qu'ils voulaient répandre ; mais le sang si généreusement versé pour leur foi par les apôtres réfute assez cette lâche hypothèse. L'originalité même du langage, sa justesse et sa profondeur, sa forme interrogative et parabolique établissent invinciblement la personnalité du Christ. Comparez les diverses parties du Nouveau Testament. Saint Luc et saint Jean, quand ils parlent en leur nom, approchent-ils de la sublime sérénité empreinte dans les paroles de leur divin maître? La véhémente et rude éloquence de saint Paul a-t-elle la moindre ressemblance avec la douce et magistrale autorité des prédications du Sauveur? Enfin, si l'Évangile n'est pas de source divine, montrez-nous ses origines terrestres. D'où ses auteurs, quels qu'ils soient, ont-ils tiré cette surprenante nouveauté? Ce n'est certainement pas de la Judée. Serait-ce d'Alexandrie, d'Athènes ou de Rome? Nous savons tout ce qui se disait, tout ce qui se faisait alors dans ces métropoles du monde payen. Indiquez-nous, de grâce, parmi les contemporains de Tibère, le moraliste capable de composer le sermon sur la montagne. Vous aurez beau interroger les plus illustres représentants de l'Académie, du Lycée ou du Portique, vous aurez beau faire appel à tous les sphinx de la sagesse orientale, vous aurez beau même réunir toutes les vérités éparses dans l'Ancien Testament, vous ne parviendrez jamais à faire jaillir de ces sources, si riches qu'elles soient, ni le divin précepte de l'humilité, ni l'amour des ennemis, ni la notion de l'égalité et de la fraternité humaines, ni le type de la pureté tout à la fois maternelle et virginale. Je n'insiste pas ; pour tout esprit bien fait, l'Évangile porte en soi la preuve éclatante de sa céleste origine.

» Le doigt de Dieu n'est pas moins visible dans l'établissement et l'étonnante stabilité du gouvernemen de l'Église. En effet, peut-on concevoir, en ne sortant pas du cercle des probabilités humaines, que les empereurs, maîtres absolus du monde, aient abdiqué volontairement leurs anciennes, que dis-je? leurs divines prérogatives, et déposé, sans combat, la plus belle moitié de leur puissance entre les mains de quelques pieux et pauvres vieillards? Conçoit-on que tous les envahisseurs barbares aient successivement imité cette étrange et débonnaire abnégation, et que, plus tard, regrettant leurs imprévoyantes concessions, ils n'aient pu parvenir, après des luttes séculaires, à ressaisir cette part de leur souveraineté mutilée? Certes cet incroyable triomphe de la pensée sur la force n'est pas de l'ordre naturel. La durée de ce gouvernement qui, depuis les apôtres, a conservé son principe et sa forme, en ce qu'ils avaient d'essentiel, est, on peut le dire, un miracle perpétuel; oui, un miracle; je maintiens le mot, tant qu'on ne m'aura pas montré une autre école philosophique ou un autre gouvernement qui, comme la papauté, compte dix-huit siècles d'existence, et cela, malgré plusieurs schismes, malgré une multitude d'hérésies, malgré les luttes les plus acharnées et, ce qui était un bien plus grand péril, malgré les fautes humaines, commises par quelques-uns de ses chefs et de ses ministres.

» De cette impossibilité d'expliquer par des raisons naturelles ces deux grands phénomènes historiques, je crois pouvoir légitimement conclure la divinité de l'Évangile, et la sainte et surhumaine autorité de l'Église. En m'inclinant ainsi devant le mystère de la révélation, qui entraîne à sa suite la soumission aux autres mystères, je ne crois pas plus humilier mon intelligence, que lorsque, dans l'ordre physique ou mathématique, j'adhère à telle ou telle vérité qui surpasse la portée de ma raison.

» D'ailleurs, je me hâte de le reconnaître, l'indépendance de la pensée et ce qu'on appelle le *libre examen* n'ont que bien peu à perdre à la soumission aux dogmes

L'Église, dans sa sagesse, n'a promulgué qu'un très-petit nombre d'articles de foi. La liste de ces questions supérieures et réservées, si on la dressait avec une discrète exactitude, serait très-courte. Il est vrai qu'à certaines époques, la théologie (qui n'est en réalité qu'une science humaine, et, à ce titre, faillible comme toutes les autres), poussée par des passions d'école ou par des intérêts séculiers, a commis ou inspiré des actes d'une déplorable intolérance ; mais ces temps sont loin de nous. Aujourd'hui la liberté scientifique et la cause du progrès n'ont rien à redouter du christianisme. Une sage piété a résumé dans un judicieux axiome la charte, si je puis ainsi m'exprimer, des droits et des devoirs de l'esprit humain. *In certis unitas, in dubiis libertas, in omnibus caritas*. La science et la raison peuvent accepter ce partage ; il est juste et il suffit à tous les besoins intellectuels.

» Je sens, monsieur, tout ce qui manque à cet exposé ; mais j'ai voulu vous adresser une lettre, non un livre. Celle-ci dépasse de beaucoup les limites où j'aurais voulu la renfermer. Si, cependant, comme je le crains, les considérations qu'elle contient ne parviennent pas à vous convaincre, je vous prie de ne pas vous décourager. Vous trouverez aisément des guides plus experts que moi. D'ailleurs, comme je vous le disais en commençant, les arguments les plus décisifs, vous les trouverez surtout en vous-même.

» Agréez, monsieur, l'assurance de mes sentiments les plus affectueux et les plus dévoués.

29 avril 1855.

» Ch. MAGNIN. »

Voici maintenant la seconde lettre ; elle est datée du

21 juin 1855, et fait allusion à l'événement du 17 juin précédent :

« Mon très-cher monsieur,

» J'ai appris avec une bien vive satisfaction la *bonne*
» *nouvelle* que vous m'annoncez. Vous voilà rentré
» dans la voie de la vérité, dans le sein de la grande
» famille, dans la paix de la tradition. Vous devez
» rendre bien des grâces à Dieu, qui seul incline les
» volontés, et vous a conduit par la main. Je comprends
» et je partage bien cordialement votre joie. Je suis
» convaincu par expérience que vous vous réjouirez
» chaque jour davantage de votre bonne résolution : vous
» vous y affermirez de plus en plus par la douceur que
» vous trouverez dans la pratique.

» Je n'ai plus rien à vous dire sur ces matières ; vous
» avez à présent, grâce à Dieu, un guide spirituel ; il
» ne vous faut plus que le suivre.

» Vous avez repris, me dites-vous, l'obéissance de
» l'enfant docile. C'est là une bien bonne parole ; elle
» me rappelle un passage de l'Évangile qui m'a toujours particulièrement frappé, et qui me paraît surtout applicable à nous autres gens de lettres. C'est
» celui où Jésus-Christ, voulant recommander la simplicité de cœur et d'esprit à ses disciples, place de
» jeunes enfants au milieu d'eux et les leur offre pour
» modèles.

» Quelle charmante et profonde leçon ! Et que celui
» qui la suivrait complétement serait près de la perfection !

» Recevez, je vous prie, l'assurance de mon sincère et bien affectueux dévouement.

» Ch. Magnin. »

NOTE RELATIVE A M. GAUDELET

Mon beau-père Alexandre-Charles Gaudelet était décédé à l'âge de 50 ans dans sa maison de Ménilmontant le 5 juillet 1848, huit jours après l'archevêque de Paris, Mgr Affre, qu'il avait eu l'honneur de recevoir à sa table le 22 juillet 1847 : cette fête de famille nous avait laissé les meilleurs souvenirs ; mais un double deuil ne devait pas tarder à la suivre, le deuil de l'archevêque, martyr de sa charité pour son troupeau, et le deuil d'un père bien-aimé.

M. Gaudelet était malade au moment de la terrible insurrection de juin 1848. Pendant quatre jours et quatre nuits, enfermés au milieu des barricades qui se dressaient de tous côtés autour de nous, nous ne cessions d'entendre les mille bruits du tocsin, de la fusillade et de la canonnade dont les échos se répercutaient dans notre montagne. Il en résulta un ébranlement fâcheux pour le cerveau de notre cher malade : la fièvre typhoïde vint à se déclarer ; au bout de trois jours il y succomba. Je passai auprès de lui la nuit de son agonie, et je reçus ses derniers soupirs.

Ce fut la première affliction de la famille.

Alex. THIBAULT.

Paris — Imprimerie de E. Donnaud, rue Cassette, 9.

www.ingramcontent.com/pod-product-compliance
Lightning Source LLC
LaVergne TN
LVHW021711080426
835510LV00011B/1722